Für Mae-Lin

EDL

Vergiss nie ... ich hab dich immer lieb!

Ellen DeLange
und Jenny Meilihove

Aus dem Englischen
von Kathrin Burke

J.P. Bachem Verlag

Auch wenn ich dich
nicht immer sehe ...

Auch wenn du bergeweise
dreckige Wäsche mit nach
Hause bringst ...

Auch wenn du nicht nachdenkst
bevor du handelst …

Auch wenn du dir den
besten Sitzplatz schnappst ...

Auch wenn du die Blumen
des Nachbarn pflückst ...

Auch wenn du unangekündigt
alle deine Freunde zum
Essen mitbringst ...

Auch wenn wir uns nicht immer einig sind …

Auch wenn du nicht
perfekt aufräumst ...

Auch wenn du nicht immer
pünktlich ins Bett gehst ...

Und sogar wenn du komplett

durchdrehst …

Vergiss nie ...

ICH HAB DICH IMMER LIEB!

1. Auflage 2016

Übersetzung Englisch – Deutsch: Kathrin Burke
Die Originalausgabe erschien 2015
unter dem Titel „Altijd blij je te zien“ in Belgien
und den Niederlanden bei Clavis Uitgeverij,
Hasselt – Amsterdam.

Übersetzung Niederländisch – Englisch
durch Clavis Publishing Inc. New York.

ISBN 978-3-7616-3150-8
www.bachem.de/verlag

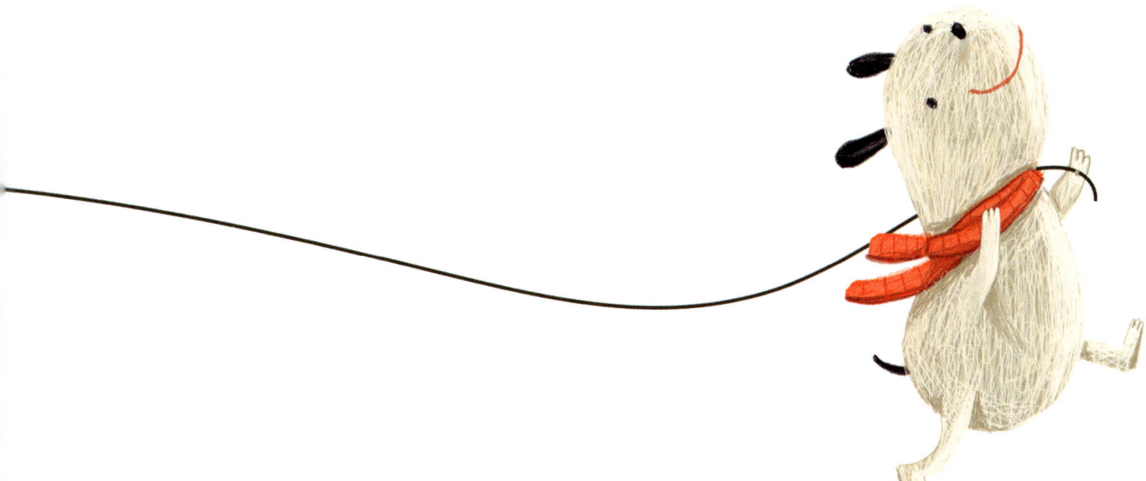